AF577686

ME MADE

Christine Sinnwell-Backes
Timo Kuehn

Lecker, lustig und gesund

DIE BESTEN REZEPTE FÜR KINDER MIT MEAL-PREP-IDEEN

Mit Fotografien
von Udo Einenkel

Bassermann

Inhalt

Die Rezepte

Einleitung

»Das Auge isst mit«, sagt ein Sprichwort. Aus diesem Grund haben wir Gerichte kreiert, die durch ihre verspielte Art Obst und Gemüse für Kinder schön und interessant verpacken.

Wir freuen uns sehr, dass Sie unser Kochbuch in den Händen halten. Es enthält Ideen für leckeres Frühstück, Brotboxen zum Mitnehmen sowie Hauptmahlzeiten für Mittag oder Abendessen und spaßige Gerichte für den nächsten Kindergeburtstag!

Wir haben darauf geachtet, dass viele Rezepte an die persönlichen Vorlieben Ihrer Kinder angepasst werden können und einzelne Zutaten austauschbar sind. Gleichzeitig haben wir darauf geachtet, dass die Zutaten in vielen Familienvorratsschränken schon enthalten sind. Außerdem war es uns wichtig, dass die Rezepte schnell und leicht umzusetzen sind.

Wir hoffen, dass Sie und Ihre Familie Spaß an den Rezepten haben und wünschen Ihnen viel Freude beim Ausprobieren.

Christine Sinnwell-Backes und Timo Kuehn

Tipps & Tricks

MENGENANGABEN

Kinder essen sehr unterschiedliche Portionen. Die Rezeptangaben in diesem Buch orientieren sich in etwa an das Essverhalten von Kindern im Alter von 8–10 Jahren. Haben Sie wesentlich jüngere Kinder, dann reichen oftmals schon die halben Mengenangaben. Orientieren Sie sich gerade bei den Mengen von Nudeln, Kartoffeln oder Reis an dem, was Sie für Ihr Kind als angemessen halten.

AUSSTECHER

Plätzchenausstecher sind eine wunderbare und schnelle Möglichkeit Gemüse, Brot, Käse oder Wurst in kreative Formen zu bringen. Standardformen wie Sterne, Herzen oder Blumen lassen sich vielseitig einsetzen. Dazu kommen Lieblingsformen: beispielsweise ein Dino für kleine Dinofans. Auch Apfelentkerner und ähnliches Küchenwerkzeug lässt sich oft gut einsetzen.

ZEIT

Viele der Ideen in diesem Buch lassen sich schnell umsetzen. Manche brauchen jedoch ein wenig mehr Vorbereitungszeit. Soll eine Brotbox am Morgen gepackt werden, lassen sich manche Arbeitsschritte vielleicht schon am Vorabend erledigen. Bei Pancakes lohnt es sich, direkt eine größere Menge Teig zuzubereiten und diesen dann 2–3 Tage im Kühlschrank aufzubewahren.

BROTBOXEN

Auf dem Markt gibt es eine riesige Auswahl: Schauen Sie nach Boxen, die stabil sind und eine für Sie gute Fächeraufteilung haben. Uns selbst ist auch der Gedanke der Nachhaltigkeit bei der Anschaffung wichtig.

LEBENSMITTELFARBEN

Wir verwenden gerne Pastenfarben, z. B. von Wilton, mit denen man die Lebensmittel einfärben kann. Die Farben sind in der Anschaffung etwas teurer, sind aber sehr ergiebig und färben intensiv. Alternativ können Sie z. B. Rote Bete, Spinat, Himbeeren o. ä. zum Färben verwenden.

HELFENDE HÄNDE

Ihr Kind möchte mithelfen? Ganz wunderbar! Viele Rezepte eignen sich prima, um selbst auch erste Handgriffe in der Küche zu erlernen. Bei einigen Rezepten können auch kleine Kinder schon gut beim »Zusammenbauen« helfen.

LIEBLINGSZUTATEN

Passen Sie die Rezepte gerne an die persönlichen Vorlieben Ihrer Kinder an. Die Gemüsesorten in den einzelnen Rezepten lassen sich leicht gegen Lieblingssorten Ihrer Kinder austauschen. Weiterhin wissen Sie am Besten, ob Ihr Kind lieber Vollkorn- oder Weizenmischbrot mag.

RESTE

Sticht man Figuren aus Brot aus oder schneidet man Obst in Formen, bleiben oft Reste übrige. Wunderbar ist, wenn man zwei, drei Rezepte hat, bei denen sich genau solche Reste gut verwerten lassen. Obstreste verarbeiten wir oft in einem bunten Obstsalat weiter. Brot- oder Toastreste werden beispielsweise zu Croutons oder Paniermehl.

Lustige Brotgesichter

Da schmeckt das Brot gleich doppelt so gut

ZUTATEN FÜR 2 BROTE

2 Scheiben Brot
Butter oder Frischkäse (Nach Geschmack)
1 Scheibe Käse
1 Scheibe Salami

ZUM DEKORIEREN
Paprikastreifen
Oliven
Feldsalat
Salatgurke
Möhre
hartgekochtes Ei
Schnittlauch

TIPP Für eine warme Variante das Brot mit Butter oder Frischkäse bestreichen und mit Käse belegen. Danach mit Salami, Oliven, Pilzen, Paprika oder Mais die Gesichter formen. Danach für ca 5-10 Minuten im Ofen überbacken. An Kindergeburtstagen können sich Kinder so leicht auch ihre eigenen Brotgesichter gestalten.

SO WIRD ES GEMACHT

1. Die Brote mit Frischkäse oder Butter bestreichen und jeweils mit Käse und Salami belegen.

2. Die Brote können nun nach Belieben dekoriert werden, z. B. mit Schnittlauch-Haaren, Paprika-Mund und Ei-Augen. Der Fantasie sind bei den Brotgesichtern keine Grenzen gesetzt.

3. Für unsere Lieblingsgesichter braucht man die folgende Zutaten: Feldsalat, 2 Gurkenscheiben, 2 halbierte Oliven, Paprikastreifen, ½ geraspelte Möhre, 1 Möhrenscheibe, 2 ausgehöhlte Gurkenscheiben, 3 schmale Gurkenstreifen.

4. Den Feldsalat oberhalb auf dem geschmierten Käsebrot drapieren. Zwei Gurkenscheiben mittig auf das Brot legen. Je eine Olivenhälfte als Augen auf die Gurken platzieren. Den Paprikastreifen als Mund auf das Brot legen.

5. Die Möhrenraspeln als Haare auf das Salamibrot platzieren. Die zwei ausgehöhlten Gurkenscheiben auf das Brot oberhalb des Brotes legen und die Gurkenstreifen jeweils dazwischen und daneben legen, sodass eine Brille entsteht. Nun die Olivenhälften in die ausgehöhlte Scheiben legen. Die Möhrenscheibe als Nase platzieren und den Paprikastreifen als Mund.

J.A.HENCKELS SOLINGEN
ZWILLINGSWERK
NICHT
ROSTEND

Süße Brot-Tiere

Starte den Tag mit einem Lächeln

ZUTATEN FÜR 3 TIERE

BÄR

1 Scheibe Brot
25 g Aufstrich (Haselnusscreme)
3 Bananenscheiben
3 Blaubeeren

EULE

1 Scheibe Brot
25 g Aufstrich (Erdnussbutter)
4 Bananenscheiben
2 Blaubeeren
2 Erdbeerscheiben
1 Mandel

FUCHS

1 Scheibe Brot
20 g Aufstrich (Marmelade)
5 g Aufstrich (Erdnussbutter)
2 Bananenscheiben
3 Blaubeeren
2 Erdbeerscheiben

SO WIRD ES GEMACHT

1. Das Toastbrot toasten und Beeren und das Obst waschen und vorbereiten.

2. Für den Bären den Aufstrich verteilen und zwei Bananenscheiben oberhalb des Toastes nebeneinander legen. Eine Scheibe darunter platzieren, etwas Platz dazwischen lassen. Zwei Blaubeeren zwischen die drei Bananenscheiben als Augen legen und eine Blaubeere auf die einzelne Bananenscheibe legen.

3. Für die Eule den Aufstrich auf das Toast verteilen. Zwei Bananenscheiben in der oberen Mitte als Augen legen und zwei Blaubeeren drauflegen. Zwei Bananenscheiben gefächert unten aufs Toast legen und jeweils eine Erdbeerscheibe links und rechts für den Flügel verteilen. Die Mandel zwischen die Augen als Schnabel legen.

4. Für den Fuchs das Brot mit Aufstrich beschmieren, dabei oben ein Dreieck freilassen. Das freie Dreieck mit einem anderen Aufstrich z. B. Erdnussbutter bestreichen. Zwei Bananenscheiben in die Mitte des Toastes für die Augen legen. 2 Blaubeeren darauflegen, eine Blaubeere unten in die Mitte des Toastes für die Nase platzieren. Danach noch die Erdbeerscheiben jeweils links und rechts oben für die Ohren verteilen.

TIPP Natürlich können auch andere Tiere, wie z. B. Affen, Katzen oder sogar Pinguine zubereitet werden.

Unterwasser-Porridge

So wird der Porridge zum Highlight am Morgen

ZUTATEN FÜR EINE PORTION

200 ml Milch
50 g Haferflocken
1 EL Honig
1 Msp. Vanille
1 Prise Salz

FÜR DEN FISCH

½ Pfirsich
3–4 Blaubeeren
½ Kiwi
1 Bananenscheibe

OPTIONAL

blaue Lebensmittelfarbe

SO WIRD ES GEMACHT

1. Milch, Haferflocken, Honig, Vanille und Salz in einen Topf geben und erhitzen. Zwei Minuten unter ständigem Rühren aufkochen lassen von der Herdplatte nehmen, ca. 2–3 Minuten abgedeckt ziehen lassen.

2. Pfirsich und Blaubeeren waschen, die Kiwi schälen. Vom Pfirsich 2 Scheiben schneiden und eine Scheibe halb durchschneiden, sodass eine Flossenform entsteht. Die Kiwi vierteln und in Scheiben schneiden.

3. Wenn das Porridge fertig ist, bei Bedarf 2–3 Tropfen blaue Lebensmittelfarbe zum Porridge hinzufügen und einfärben. Alles in eine flache Schale geben, sodass Platz zum Dekorieren ist.

4. Die Pfirsichscheibe mittig in die Schale legen und die Pfirsich-Flosse an den »Körper« legen. Unterhalb des Fisches die Kiwischeiben verteilen. Eine Bananenscheibe auf den Fisch als Auge legen und eine Blaubeere hinzufügen. Die restlichen Blaubeeren als Luftblasen neben den Fisch platzieren. Fertig ist das Unterwasser-Porridge.

ALTERNATIVE

Natürlich ist auch hier der Kreativität keine Grenzen gesetzt, es kann genauso gut mit anderen Obststücken und auch Milch-Alternativen gekocht werden.

Milchreis mit Pfirsich-Bienen

Summ, Summ, Summ – Bienchen summ herum

ZUTATEN FÜR EINE PORTION

40 g Milchreis
¼ l Milch
1 TL Zucker

FÜR DIE BIENEN

2 Pfirsichhälfte
(aus der Dose)
Schokoladenkuvertüre
4 Zuckeraugen
4 Mandelblättchen

NACH GESCHMACK

Honig
Prise Zimt

SO WIRD ES GEMACHT

1. Den Milchreis zusammen mit Milch und Zucker nach Packungsanleitung kochen.

2. Den Reis auf einem Teller anrichten und etwas abkühlen lassen. Wer den Milchreis kalt mag, lässt ihn vollständig auskühlen.

3. Die Pfirsichhälften auf eine Unterlage legen. Die Kuvertüre vorsichtig im Wasserbad oder in der Mikrowelle bei geringer Temperatur schmelzen und in einen Spritzbeutel geben. Unten die Spitze abschneiden.

4. Vorsichtig mit der Öffnung des Beutels Streifen quer über die Pfirsiche malen. Für die Augen zwei kleine Kuvertüre-Tupfer auftragen und jeweils zwei Zuckeraugen darauf setzen. Zum Schluss jeweils zwei Mandelblättchen als Flügel in die Pfirsiche drücken.

5. Die beiden Pfirsichhälften auf den Milchreis setzen und fertig ist der summende Milchreis. Bei Bedarf kann auch Honig oder Zimt in den Milchreis gemischt werden.

Halloween-French Toast

Gruselspaß am Morgen

ZUTATEN FÜR EINE PORTION

1 Ei
60 ml Milch oder Sahne
1 Päckchen Vanillezucker
½ TL Zimt
1 kleine Prise Salz
1 kleine Prise Muskatnuss
2 Scheiben Brioche oder Toastbrot
20 g Butter

1 Erdbeere
6 Blaubeeren
2 Bananenscheiben
3 Bananendreiecke

NACH GESCHMACK
Puderzucker
Ahornsirup

TIPP Mit etwas Puderzucker sieht der French Toast noch appetitlicher aus und Ahornsirup rundet das Ganze ab.

SO WIRD ES GEMACHT

1. In einer Schüssel oder flachen Schale Ei, Milch, Vanillezucker, Zimt, Salz und Muskatnuss mit einem Schneebesen gut verrühren und zur Seite stellen.

2. Eine der beiden Brioche-Scheiben zu einem Totenkopf zurechtschneiden: Dafür eine dreieckige Nase herausschneiden und unten das Toastende in Kopfform bringen.

3. Beide Brotscheiben nacheinander in die vorher vorbereitete Mischung tauchen. Die Brotscheiben von beiden Seiten vollsaugen lassen.

4. Eine Pfanne auf dem Herd bei mittlerer Stufe erhitzen. Etwas Butter in die Pfanne geben und die Brotscheiben für einige Minuten von beiden Seiten backen.

5. Die Brot-Gesichter auf Teller legen. Für den Totenkopf zwei Bananenscheiben als Augen mit zwei Blaubeeren garnieren und Erdbeer-Schlitze als Mund legen. Für das Kürbisgesicht 2 Bananendreiecke oberhalb des Toastes und 1 unterhalb mittig legen. 2 Blaubeeren auf die »Augen« legen und 5 Blaubeeren als Mund in der Reihe darunter verzieren. Fertig sind die schaurig schönen Halloween-French-Toasts.

ALTERNATIVE

Für eine vegane Option Ei und Milch durch eine vegane Milch-Alternative und 1 EL Kichererbsenmehl ersetzen. Verrühren und ab Schritt 2 wie beschrieben fortfahren.

HoHoHo-Pancakes

Wenn der Weihnachtsmann das Frühstück bringt

ZUTATEN FÜR ZWEI PORTIONEN

1 Ei
2 EL flüssige Butter
100 ml Buttermilch
100 g Mehl
1 TL Backpulver
1 EL Zucker
½ Prise Salz
rote Früchte z. B. Himbeeren
6 Schokodrops
2 Bananen
Sprühsahne

SO WIRD ES GEMACHT

1. Für die Pancakes Ei, Butter und Buttermilch verrühren. In einer weiteren Schüssel Mehl, Backpulver, Zucker und Salz vermengen. Das Mehl zur Ei-Mischung geben, rühren und den Teig einige Minuten quellen lassen.

2. Die Pfanne auf mittlere Hitze vorheizen. Aus dem Teig zwei runde Pancakes von beiden Seiten ausbacken und auf Tellern verteilen.

3. Für einen Weihnachtsmann-Pancake eine Banane in Scheiben schneiden. Zwei Scheiben als Augen auf den Pancake legen und den Rest gefächert als Bart unterhalb des Gesichtes verteilen. Rote Früchte oben als Hut verteilen und eine Himbeere als Nase in die Mitte legen. Etwas Sprühsahne als Schnurrbart und oben an die Mütze geben. Einen Schokodrop auf die Mützen-Sahne und je einen Drop auf die Bananen-Augen legen. Fertig ist das morgendliche Weihnachtsfest.

ALTERNATIVE

Für die Nicht-Weihnachtszeit kann ein Teil des Teiges auch in eine Squeeze-Flasche gefühlt werden und Pancake-Gesichter lachen die Kinder morgens an. Dafür die Pfanne auf mittlerer Hitze vorheizen. Mit der Squeeze-Flasche ein Gesicht in die Pfanne »malen«. Wenn die Details gebacken sind und Bläschen im Teig aufsteigen, mit einer Schöpfkelle Teig über das Gesicht geben, bis auch dies gebacken ist, danach wenden.

NORDKREUZ
Moabit
Güterbf
DANZIGER
PRINZENSTR.
YORCKSTR.
GNEISENAU
Volkspark Hasenheide

Vitamin-Express

Wenn der Brot-Zug Obst und Gemüse bringt

ZUTATEN FÜR 1 TELLER

2 große, rechteckige Toastscheibe
2 EL Frischkäse
1 Stk. Gurke
ca. 15 Blaubeeren
1 Cocktailtomate
1 kleine Karotte
2 eingelegte Pfirsichhälften
Sesam (Optional)

SO WIRD ES GEMACHT

1. Den Zug nach dem Vorbild des Fotos aus dem Brot zurechtschneiden. Für das Führerhaus eine Brotscheibe verwenden. Für die Waggons die zweite Brotscheibe vierteln und bei Bedarf 2–4 Rechtecke benutzen.

2. Gurke, Blaubeeren, Tomate und Karotte waschen und trocknen. Die Gurke in Scheiben schneiden und als Räder dekorieren. Die Blaubeeren zwischen jeden Zugwaggon als Verbindung setzen und als Dampf über der Lokomotive legen. Die restlichen Blaubeeren als Fracht in einen der Waggons legen.

3. Die Karotten schälen und in dünne Streifen schneiden, die Tomaten vierteln. Jeweils in einen Waggon als Fracht legen.

4. Eine Pfirsichhälfte als Sonne über den Zug dekorieren. Die zweite Hälfte in dünne Scheiben schneiden und diese als Sonnenstrahlen dekorativ platzieren. Bei Bedarf noch etwas Sesam auf den Zug verteilen.

Froschkönig-Omelette

Königliches Omelette auf dem Teller

ZUTATEN FÜR EINE PORTION

2 Eier
Salz, Pfeffer
etwas Butter für die Pfanne
4 Scheiben Salatgurke
1 entsteinte, schwarze Olive
etwas Ketchup
1 Cocktailtomate
1 Scheibe Gouda

SO WIRD ES GEMACHT

1. Die Eier in einer kleinen Schüssel miteinander verquirlen und mit Salz und Pfeffer würzen. Die Pfanne mit etwas Butter erhitzen. Die verquirlten Eier in die Pfanne geben und von beiden Seiten zu einem Omelette anbraten. Einmal in der Mitte zusammenklappen und auf einen Teller anrichten.

2. Zwei Gurkenscheiben in je 3 Streifen schneiden und als Froschfüße legen. Zwei weitere Salatgurkenscheiben über dem Omelette als Augen hinlegen. In die Augen jeweils eine Olivenhälfte als Pupille legen.

3. Auf das Omelette aus Ketchup einen lachenden Mund malen. Die Cocktailtomate halbieren und als Wangen dekorieren. Aus dem Käse eine Krone und eine lange Zunge ausschneiden. Diese ebenfalls auf den Teller an den entsprechenden Stellen dekorieren.

TIPP Soll der Froschkönig in einer Wiese sitzen, kann etwas Spinat dazu gekocht werden oder ein kleiner grüner Salat im unteren Tellerbereich angerichtet werden.

Die Liebesfrühstücks-Box

Liebesbrief to go

ZUTATEN FÜR EINEN TELLER ODER EINE BOX

2 Scheiben Brot
25 g Frischkäse
1 Scheibe Käse
4 Datteltomaten
1 Gurkenstück
1 Möhrenstück

ZUSÄTZLICH
Brotbox
Zahnstocher oder Obstgabeln

SO WIRD ES GEMACHT

1. Für den Liebesbrief von beiden Brotscheiben den Rand abschneiden. Beide Scheiben mit Frischkäse beschmieren. Für den Umschlag die Käsescheibe in ein flaches Dreieck schneiden. Mit den Resten das Brot belegen und übereinander klappen. Danach das flache Dreieck so auf das Sandwich legen, dass eine Brief-Form entsteht.

TIPP Kleine wiederverwendbare Obstgabeln mit unterschiedlichen Motiven gibt es schon günstig zu erwerben, die jede Frühstücksbox zu einem kleinen Highlight machen.

2. Tomaten waschen und trocknen. Für ein Herz 2 Tomaten schräg am Stielansatz abschneiden. Die Schnittflächen der größeren Hälften so zusammenlegen, dass ein kleines Herz entsteht und die Hälften mit einem Zahnstocher zusammenstecken. Den Vorgang wiederholen.

3. Gurke und Karotte waschen und in Scheiben schneiden. Aus den Karottenscheiben Blüten, Sterne und Herzen modellieren, dabei ein Herz für den Liebesbrief zur Seite legen. Gurkenscheiben halbieren und jeweils eine Blüte, einen Stern oder ein Herz auf ein

Zahnstocher stecken und eine Gurkenscheibe mit der Schale nach unten aufstecken, sodass eine Blume entsteht. Die Blüten, Sterne oder Herzen können auch mit einem Ausstecher ausgestochen werden.

4. Die Brotbox zur Hälfte mit Salat auslegen und die Blumen darauf drapieren. Bei kleinen Kindern macht es Sinn die Spitze des Zahnstochers etwas stumpfer zu machen. Den Liebesbrief in die Box legen und das beiseitegelegte Herz mit etwas Frischkäse in der Mitte des Umschlages befestigen. Die Blumen um den Brief verteilen und fertig ist die Liebesfrühstücksbox.

Dino-Box

Urzeitlicher Frühstücksspaß

ZUTATEN FÜR EINE BOX

1 hartgekochtes Ei
2 Scheiben Brot
1 Scheibe Salami
25 g Frischkäse
4 Gurkenscheiben
½ Möhre

ZUSÄTZLICH
Brotbox
grüner Filzstift
ein großer Dinosaurier-Ausstecher

SO WIRD ES GEMACHT

1. Auf die Schale des hartgekochten Eies mit grünen Filzstift Risse und Tupfer malen.

2. Aus den Brotscheiben und einer Scheibe Salami Dinosaurier ausstechen. Das Brot mit Frischkäse bestreichen und mit dem Aufschnitt belegen. Aus den Aufschnittresten einige Zacken schneiden und diese an den Rücken des Dinos legen. Mit der zweiten Brotscheibe bedecken.

3. Aus den Gurkenscheiben Dino-Fußabdrücke schneiden. Die Möhre schälen, in dicke Streifen schneiden und in Knochen formen.

4. Die Brotbox mit Salat auslegen, Dino, Ei und geschnitztes Gemüse dazu dekorieren.

TIPP Je nachdem wie viel Zeit für die Vorbereitung der Box zur Verfügung steht, reicht es auch, das Brot in Form zu schneiden und dann einfach Lieblingsobst und -gemüse dazu packen.

Minions zum Mitnehmen

Da darf die Banane nicht fehlen

ZUTATEN FÜR EINE BOX

1 Banane
1 EL Puderzucker
3 Zuckeraugen
2 Scheiben Brot
Butter
Schokocreme
1 Scheibe Käse

ZUSÄTZLICH
Brotbox
Schwarzer und blauer Lebensmittelstift

SO WIRD ES GEMACHT

1. Die Banane halbieren und auf jede Hälfte der Schale eine blaue Latzhose aufmalen. Mit dem schwarzen Stift einen Strich auf Augenhöhe für die Brille malen, danach noch Mund und Haare aufmalen. In den Puderzucker einen Tropfen Wasser geben, einen zähen Zuckerguss anrühren und damit die Zuckeraugen auf die Banane kleben. Einem Minion ein Auge, dem anderen zwei Augen aufkleben.

2. Eine Brotscheiben mit Butter und Schokocreme bestreichen und zusammenklappen. Mit der Schokocreme einen braunen Strich auf Augenhöhe zeichnen. Aus dem Käse einen Kreis in der Größe des gewünschten Auges ausstechen und die Scheibe mittig auf den Schokocremestreifen legen. Mit dem schwarzen Lebensmittelstift die Pupille aufmalen.

TIPP Um Bananen- und Brot-Minions in der Box noch etwas Obst und Gemüse in mundgerechten Stücken anrichten. Optisch besonders lustig ist es, wenn man überwiegend gelbe und blaue Obst- und Gemüsesorten wählt wie beispielsweise gelbe Paprikastreifen und Blaubeeren.

Regenbogen in der Frühstücksbox

Buntes Frühstück zum Mitnehmen

ZUTATEN FÜR EINE BOX

2 Scheiben Brot
Frischkäse
Lebensmittelfarben in Regenbogenfarben
Kirschtomaten
gelbe Paprika
Gurke
Möhre
Weintrauben

ZUSÄTZLICH
Zahnstocher oder Themenspieße

SO WIRD ES GEMACHT

1. Die Brotscheiben in quadratische Stücke schneiden (z. B. 4 x 4 cm bei einem 12 x 12 cm Toast). Den Frischkäse portionieren und mit Lebensmittelfarbe in den Regenbogenfarben einfärben. Das muss nicht der gesamte Farbverlauf sein. Rot, gelb, grün und blau reichen beispielsweise vollkommen aus. Hier lohnt es sich, direkt eine größere Menge einzufärben. Der Frischkäse hält sich gefärbt und kühl aufbewahrt 3–4 Tage.

2. Abwechselnd nun immer eine Regenbogenfarbe auf ein Stück Brot geben. Dieses dann mit dem nächsten Stück bedecken und mit der nächsten Farbe bestreichen.

3. Tomaten, Paprika, Gurke, Möhre, Trauben waschen und trocknen. Paprika entkernen, Gurke und Möhre schälen. Alles in mundgerechte Stücke schneiden. Danach in Regenbogenfarben aufspießen und alles in die Box legen.

TIPP Natürlich können auch je nach Saison und Vorlieben verschiedene Obst- und Gemüsesorten verwendet werden.

Halloween-Brotbox

Gruseliger Pausensnack

ZUTATEN FÜR EINE BROTBOX

2 Scheiben Brot
Frischkäse oder Marmelade
1 Mandarine
½ Apfel
8 Mini-Marshmallows

ZUSÄTZLICH
Brotbox
Schokoladenkuvertüre
Gespensterausstecher

SO WIRD ES GEMACHT

1. Aus den zwei Brotscheiben zwei Gespenster ausstechen und mit einem Belag der Wahl bestreichen. Mit dem zweiten Brotgespenst bedecken. Mit einem Lebensmittelstift oder Kuvertüre zwei Augen und einen Mund aufmalen.

2. Mit einem kleinen Messer vorsichtig in die Mandarinenschale ein Kürbisgesicht schnitzen.

3. Den halben Apfel in vier Scheiben schneiden. Jeweils zwei Scheiben eng nebeneinander in die Box legen und dazwischen die Marshmallows als Zähne klemmen.

TIPP Statt einem Apfel mit Marshmallows kann man auch ein hartgekochtes Ei schälen und 3 kleine Löcher mit einem Strohhalm als Gesicht stampfen. So hat entsteht ein kleiner Geist. Trauben mit kleinen Zuckeraugen bekleben ergibt ebenfalls einen schaurigen Snack.

Brotzeitkäfer mit essbaren Fliegenpilzen

So zeigt sich der bunte Herbst auch in der Brotbox

ZUTATEN FÜR EINE BOX

2 Scheiben Brot
10 g Butter oder Frischkäse
1 Scheibe Käse
1 entsteinte, schwarze Olive
4 Radieschen
Salatblätter

SO WIRD ES GEMACHT

1. Für den Brotzeit-Käfer zwei Scheiben Brot übereinanderlegen und im größtmöglichen Durchmesser rundlich ausstechen. Die untere Brotscheibe dünn mit Butter oder Frischkäse bestreichen und mit der zweiten Brotscheibe bedecken. Wer möchte, darf

dem Brot weitere frische Zutaten hinzufügen wie zum Beispiel eine Scheibe Wurst, Tomate, Gurke oder Ei.

2. Im gleichen Durchmesser eine Scheibe Käse ausstechen. Eine Seite des Kreises abschneiden und den großen Teil zu Flügel halbieren. Danach kleine Löcher ausschneiden und den halbierten Kreis als Flügel auf die obere Brotscheibe legen.

3. Für die Fliegenpilze die Radieschen waschen und von der Wurzel trennen. Danach kleine Stellen auf der Wurzelseite abschneiden, sodass weiße Punkte entstehen. Danach vorsichtig mit einem Messer den Stiel auf der Blattseite formen. Fertig ist der essbare Fliegenpilz!

4. Salat in die Lunchbox legen und den kleinen Brotzeit-Käfer darauf drapieren. Die kleinen Fliegenpilze um den Käfer herum drapieren und bei Bedarf noch etwas geschnittenes Obst & Gemüse in die Box legen. Fertig ist der bunte Herbst zum Mitnehmen.

Löwen-Pasta

Hör mal wer da brüllt!

ZUTATEN FÜR EINE PORTION

80 g Spirelli Nudeln
1 rohes Ei
Salz, Pfeffer
1 EL Butter
2 Scheiben Salatgurke
1 gekochtes Ei
1 Cocktailtomate
6 Schnittlauchhalme

ZUSÄTZLICH
Nori-Algenblatt

SO WIRD ES GEMACHT

1. Pasta nach Packungsanleitung kochen.

2. Das rohe Ei in einer Schüssel verquirlen und mit Salz und Pfeffer würzen. Die Butter in einer heißen Pfanne zerlassen und das Ei zu einem dünnen Omelett goldbraun backen.

3. Das Omelett in der Mitte des Tellers anrichten und die Spirellinudeln kreisförmig als Mähne am Rand verteilen.

4. Die Gurkenscheiben in Höhe der Augen legen und zwei Scheiben des gekochten Eies als Auge darauf anrichten. Aus dem Nori-Blatt Pupillen, Nase und Mund mit einer Schere ausschneiden. Die Tomate halbieren und links und rechts der Nase dekorieren. Zuletzt die Barthaare aus Schnittlauch legen.

Knusperküken im Nudelnest

Was die Küken wohl erzählen?

ZUTATEN FÜR EINE PORTION

80 g Spaghetti
1 kleine Zwiebel
1 Knoblauchzehe
100 g Rinderhackfleisch
1 Ei
Salz, Pfeffer, Basilikum
1 gelbe Paprika
2 EL Olivenöl
1 EL Tomatenmark
50 g geschälte Tomaten (Dose)
4 Zuckeraugen

SO WIRD ES GEMACHT

1. Die Pasta nach Packungsanleitung kochen.

2. Zwiebel und Knoblauch schälen und fein würfeln. Jeweils die Hälfte in eine Schüssel geben. Rinderhackfleisch und Ei dazugeben und mit Salz und Pfeffer würzen. Alles gut miteinander verkneten und zwei Bällchen formen.

3. Die Paprika waschen, entkernen und in kleine Würfel schneiden. Zwei kleine Dreiecke für Küken-Schnäbel schneiden und an die Seite legen.

4. 1 EL Öl in der Pfanne erhitzen und die restlichen Zwiebeln anschwitzen. Sobald diese glasig werden den Knoblauch hinzufügen. Das Tomatenmark in der Pfanne anschwitzen. Danach die Paprikawürfel hinzufügen. Zum Schluss noch die geschälten Tomaten und mit Salz, Pfeffer und bei Bedarf Basilikum abschmecken.

5. In einer kleinen Pfanne die zwei Hackfleischbällchen goldbraun anbraten, bis sie vollständig gar sind.

6. Die Tomatensauce auf einen Teller verteilen und die Nudeln in Nestform in die Mitte drapieren. Die Hackfleischbällchen in die Nestmitte setzen. In jedes Bällchen zwei Zuckeraugen drücken und die Paprika als Schnabel anbringen. Fertig ist das Kükennest.

Sesamstraße auf dem Teller

Wenn dir Elmo entgegen lacht

ZUTATEN FÜR EINE PORTION

80 g Spaghetti
60 g Tomatensauce
1 Scheibe Käse
6 entsteinte, schwarze Oliven

SO WIRD ES GEMACHT

1. Die Nudeln nach Packungsanweisung kochen.

2. Entweder Fertig-Tomatensauce erhitzen oder das Rezept von S. 44 nachkochen.

3. Aus der Käsescheibe 3 Kreise für die Augen und Nase ausstechen.

4. Die Nudeln abtropfen lassen und mittig im Teller kreisförmig anordnen. Die Nudelsauce so darauf verteilen, dass der Rand des Nudelkreises noch zu sehen ist.

5. Aus den Käsekreisen die Augen legen und jeweils eine halbe Olive als Pupille daraufsetzen. Einen Käsekreis als Nase in die Mitte der Tomatensauce legen und aus den restlichen Oliven den Mund legen.

VARIANTE

Die Augen können auch aus Scheiben eines gekochten Eies gelegt werden.

Olaf-Teller

Eine coole Sache nicht nur für Schneemann-Fans

ZUTATEN FÜR EINE PORTION

50 g Langkornreis
50 g Lieblingsgemüse (hier Möhren und Romanesco)
1 Scheibe Käse
1 Nori-Algenblatt
1 kleine Möhre

SO WIRD ES GEMACHT

1. Den Reis nach Packungsanweisung kochen und kurz ausdampfen lassen.

2. Das Lieblingsgemüse dampfgaren und etwas abkühlen lassen.

3. Aus dem Käse den großen Zahn ausschneiden. Aus dem Nori-Blatt zwei Pupillen, Mund, Arme, Haare und Knöpfe für den Körper ausschneiden.

4. Den Körper von Olaf formen, indem eine etwas größere runde Kugel als Unterleib geformt wird und eine kleinere Kugel den Bauchbereich bildet. Für den Kopf den Reis in eine leicht ovale Form über den beiden Kugeln positionieren. Zwei kleine runde Kugeln bilden die Füße unterhalb des Unterleibs.

5. Die Körper- und Gesichtsteile auf den Schneemann dekorieren und das Lieblingsgemüse um den Olaf herum drapieren.

S

Reiskatze

Fast zu süß zum Verspeisen

ZUTATEN FÜR EINE PORTION

50 g Langkornreis
½ Paprika
1 Cocktailtomate
½ Zwiebel
1 EL Öl
25 g passierte Tomaten
1 TL Frischkäse
½ TL Gemüsebrühe
Salz, Pfeffer
1 Scheibe Schinken
1 Scheibe Salatgurke
3 Schnittlauchhalme
1 entsteinte, schwarze Olive

SO WIRD ES GEMACHT

1. Den Reis nach Packungsanweisung kochen und kurz ausdampfen lassen.

2. Paprika und Cocktailtomate waschen, Paprika entkernen und Zwiebel abziehen. Beides in kleine Würfel schneiden.

3. Das Öl in einer Pfanne erhitzen und die Zwiebel darin glasig dünsten. Paprikawürfel und Reis dazu geben und anbraten. Passierte Tomaten und Frischkäse sowie Gemüsebrühe hinzufügen und alles kurz köcheln lassen. Mit Salz und Pfeffer abschmecken.

4. Den gebratenen Reis auf einen Teller zu einem ovalen Katzenkopf mit zwei spitzen Ohren anrichten.

5. Aus dem Schinken jeweils zwei Dreiecke für die Ohren ausschneiden und zwei Kreise für die Wangen. Die Nase aus einer Hälfte der Cocktailtomate legen. Die Schnittlauchhalme halbieren und als Schnurrhaare verwenden. Aus den Salatgurkenscheiben zwei Augen dekorieren. Diese jeweils mit einer halben Olive als Pupille verzieren.

TIPP Dieses Essen eignet sich prima zur Resteverwertung von Reis und Gemüse. Hier können auch andere Gemüsereste verwertet werden und die Gemüse-Pfanne kann so variiert werden.

Häschen-Püree

Dieser kleine Hase hüpft nicht nur an Ostern auf den Teller

ZUTATEN FÜR EINE PORTION

250 g mehligkochende Kartoffeln
¼ TL Salz
1 TL Butter
250 ml Milch
1 entsteinte, schwarze Olive
3 Schnittlauchhalme
1 Scheibe Schinken
1 geschälte Möhre

SO WIRD ES GEMACHT

1. Die Kartoffeln schälen und vierteln. Wasser in einem Topf zum Kochen bringen und ca. ¼ TL Salz hinzugeben. Die Kartoffeln für ca. 20–25 Minuten kochen bis sie weich sind. Das Wasser abgießen

2. Butter und Milch über die Kartoffeln geben und zu einem Püree zerstampfen.

3. Das Püree so auf dem Teller anrichten, dass ein Oval entsteht und zwei längliche Ohren nach oben abstehen. Nach Belieben noch zwei Hasenpfoten formen.

4. Die Olive halbieren und die Hälften als Augen in das Oval drücken. Den Schnittlauch halbieren und als Barthaare in den Püree stecken. Aus dem Schinken Nase und Ohren des Häschens schneiden und im Püree anordnen.

5. Zuletzt die Möhre zwischen die Pfoten legen. Fertig ist der süße Hase.

Püree-Igel

Von diesen Stacheln lassen sich Kinder nicht abschrecken

ZUTATEN FÜR EINE PORTION

250 g mehligkochende Kartoffeln
¼ TL Salz
1 TL Butter
250 ml Milch
1 Bratwürstchen
1 EL Öl
3 entsteinte, schwarze Oliven

SO WIRD ES GEMACHT

1. Die Kartoffeln schälen und vierteln. Wasser in einem Topf zum Kochen bringen und ca. ¼ TL Salz hinzugeben. Die Kartoffeln für ca. 20–25 Minuten kochen bis sie weich sind. Das Wasser abgießen.

2. Butter und Milch über die Kartoffeln geben und zu einem Püree zerstampfen.

3. Die Bratwurst in einer heißen Pfanne mit etwas Öl knusprig braten.

4. Nun das Püree in die Mitte eines Tellers rund anrichten. Als Nase und Augen die Oliven in das Püree drücken.

5. Das Würstchen in viele schmale Scheiben schneiden. Die Scheiben als Stacheln in den Rücken des Igels stecken. Zwei Scheiben als Vorderpfötchen unterhalb des Gesichts anbringen.

TIPP Bei Bedarf etwas Spinat kochen und als Wiese unterhalb des kleinen Igels anordnen.

Kartoffelsuppe im Brötchenferkel

Das überzeugt sogar den Suppenkasper

ZUTATEN FÜR 4 PORTIONEN

1 Zwiebel
1 Knoblauchzehe
400 g mehligkochende Kartoffeln
1 Rote Bete
1 EL Öl
750 ml Gemüsebrühe
50 g Butter
Salz, Pfeffer
4 runde, große Brötchen
2 Scheiben Schinken
2 entsteinte, schwarze Oliven

SO WIRD ES GEMACHT

1. Zwiebel, Knoblauch, Kartoffeln und Rote Bete schälen und würfeln.

2. Das Öl in einem Topf erhitzen, Zwiebel- und Knoblauchwürfel darin glasig andünsten. Kartoffel- und Rote-Bete-Würfel dazugeben und mit der Gemüsebrühe ablöschen. Alles aufkochen lassen und auf kleiner Hitze weiterköcheln lassen.

3. Die Butter hinzufügen und mit einem Mixstab pürieren. Die Suppe mit Salz und Pfeffer abschmecken.

4. Aus den Brötchen jeweils einen runden Deckel ausschneiden und das Innenleben aushöhlen. Pro Brötchen zwei Schinken-Dreiecke für die Ohren und einen runden Kreis für die Schnauze ausstechen.

In den Kreis jeweils noch 2 kleine Löcher mit z. B. einen Zahnstocher machen. Die Oliven in Scheiben schneiden. Schinken-Ohren, Schnauze und Oliven-Augen auf den Brötchendeckel legen, sodass ein kleines Schweinegesicht entsteht.

5. Die Suppe in den ausgehöhlten Brötchenbauch geben und den oberen Teil wieder darauf geben.

Tomatensuppe mit Herz

Liebe geht durch den Magen

ZUTATEN FÜR EINEN TELLER

FÜR DIE SUPPE
½ Zwiebel
1 TL Öl
250 g passierte Tomaten
½ TL körnige Gemüsebrühe
Salz, Pfeffer
Mediterrane Kräuter (Optional)
80 ml Sahne

FÜR DIE HERZEN
1 Stück fertiger Blätterteig
1 Eigelb
1 EL Sesam

SO WIRD ES GEMACHT

1. Für die Suppe die Zwiebel schälen und fein würfeln. In einem Topf etwas Öl geben und die Zwiebeln bei mittlerer Hitze dünsten bis sie glasig sind. Passierte Tomaten, Gemüsebrühe, Salz und Pfeffer hinzufügen und köcheln lassen. Bei Bedarf mit mediterranen Kräutern würzen.

2. Für die Herzen den Backofen auf 200 Grad Ober-/Unterhitze (Umluft:180 Grad) vorheizen. Mit einem Ausstecher aus fertigem Blätterteig Herzen ausstechen. Diese auf ein mit Backpapier ausgelegtem Backblech legen. Die Herzen mit dem Eigelb bestreichen, mit Sesam bestreuen. Für ca. 10 Minuten im Ofen backen, bis sie goldbraun sind.

3. Die Suppe mit etwas Sahne verfeinern. Zum Servieren die Suppe in einen tiefen Teller geben und die Herzen in die Suppe legen oder am Tellerrand drapieren.

TIPP Statt Herzen aus Blätterteig können auch auch andere Ausstechförmchen und Brot benutzt werden. Dazu nach dem Ausstechen das Brot in einer Pfanne mit etwas Öl oder Butter von beiden Seiten anrösten.

Kürbissuppe mit Oktopus-Würstchen und Grissini

Achtung Meeresbewohner! Oktopus-Alarm auf dem Teller!

ZUTATEN FÜR ZWEI PORTIONEN

FÜR DIE SUPPE

½ Zwiebel
½ Knoblauchzehe
100 g Möhren
1 cm Stück Ingwer
250 g Hokkaido Kürbis
1 EL Öl
300 ml Gemüsefond
250 ml Kokosmilch
Salz, Pfeffer
Zitronensaft

ZUSÄTZLICH

3–4 Mini-Wiener-Würstchen
4 Grissini
Koriander zum Garnieren (Optional)

SO WIRD ES GEMACHT

1. Zwiebel, Knoblauch, Möhre und Ingwer schälen. Den Kürbis waschen. Alles in grobe Würfel schneiden. In einen Topf das Öl erhitzen und das gewürfelte Gemüse andünsten. Das Gemüse mit der Brühe ablöschen und für ca. 20 Minuten köcheln lassen.

2. Während das Gemüse köchelt, die Mini-Wiener halbieren. Den unteren Teil der Würstchenhälfte (abgeschnittene Seite) achteln. Für die Augen zweimal die Spitze einstechen und drehen, sodass 2 runde Augen entstehen. Bis zum Servieren die Oktopus-Würstchen in heißes Wasser geben, bis die Tentakel sich nach oben wölben.

3. Danach die Suppe fein pürieren. Die Kokosmilch dazugeben und mit Salz, Pfeffer und Zitronensaft abschmecken.

4. Zum Garnieren die Suppe in eine Schale geben, Grissini über Kreuz am Tellerrand drapieren. Bei Bedarf Koriander darüber geben und Oktopus-Würstchen in die Suppe, auf dem Tellerrand oder auf die Grissini setzen.

Blätterteig-Fische

Ein bunter Fischschwarm auf dem Tisch

ZUTATEN FÜR EIN BLECH BLÄTTERTEIGFISCHE

½ Zucchini
Frischkäse
100 g Reibekäse
2–3 entsteinte, schwarze Oliven
1 Rolle frischer Blätterteig (ca. 245 g)

ALTERNATIVE Statt Zucchini können auch Salami- oder Kartoffelscheiben benutzt werden und statt Frischkäse auch Tomatensauce.

TIPP Brokkoli oder Spinat können als Beilage gleich einem Algenwald auf dem Teller mit angerichtet werden und bringen Farbe und Vitamine ins Spiel.

SO WIRD ES GEMACHT

1. Den Backofen auf 220 °C Ober-/Unterhitze vorheizen.
2. Die Zucchini waschen und in dünne Scheiben schneiden. Die Oliven halbieren, Sauce und Reibekäse bereitstellen.
3. Den Blätterteig vorsichtig ausrollen und in kleine Fische schneiden. Die Fische auf ein mit Backpapier belegtes Blech legen und mit Frischkäse dünn bestreichen.
4. Die Zucchinischeiben schuppenförmig auf den Fischen verteilen. Je eine halbe Olive als Auge auf die Fische verteilen. Mit einer dünnen Schicht Käse bestreuen.
5. Das Backblech auf mittlere Schiene in den Ofen schieben und für ca. 20 Minuten bei 200 °C backen, bis der Blätterteig goldbraun ist. Kurz abkühlen lassen und fertig sind die kleinen Fische.

Winnie Puuh Pizza

Da muss der Bär aber ohne Honig auskommen

ZUTATEN FÜR EIN BLECH

1 Fertigpizzateig
1 Tomatensauce (Glas)
1 EL Oregano
150 g geriebener Gouda
entsteinte, schwarze Oliven

TIPP Die Pizza lässt sich auch zu vielen Festanlässen passend formen: z. B. als Tannenbaum in der Weihnachtszeit.

SO WIRD ES GEMACHT

1. Den Ofen auf 200 °C Ober-/Unterhitze vorheizen und ein Backblech mit Backpapier auslegen.

2. Den Pizzateig ausrollen und ca. 5–6 Kreise ausstechen. Alternativ kann der Teig auch in mehrere Teile aufgeteilt werden und direkt zu Kreisen ausgerollt werden. Eine kleine Teigmenge zurückbehalten und daraus jeweils zwei kleine Kreise als Ohren ausstechen oder formen. Jeweils zwei Ohren an einen Kreis andrücken.

3. Die Tomatensauce auf den Bärenköpfen verteilen und mit Oregano würzen. Darauf den Reibekäse verteilen. Aus den Oliven jeweils zwei kleine schwarze Augen schneiden und eine dreieckige Nase. Diese an die entsprechenden Stellen auf das Bärengesicht legen.

4. Für ca. 20–25 Minuten auf der mittleren Schiene im Ofen backen, bis der Käse zerlaufen und der Pizzateig goldbraun ist.

uh Pizza
aber ohne Honig ausk
Blech:

Burger-Monster mit Kartoffelspalten

Gruselspaß zum Essen

REZEPTFOTO AUF S. 4

ZUTATEN FÜR EINE PORTION

FÜR DEN BURGER

1 Salatblatt
1 Scheibe Tomate
1 Essiggurke
1 Scheibe Gouda
Senf
Ketchup
Mayonnaise
100 g Rinderhack
Salz, Pfeffer
1 EL Öl
1 Hamburgerbrötchen
Butter

ZUSÄTZLICH

200 g Kartoffeln
3 EL Öl
Salz
Pfeffer
Paprikapulver Edelsüß

SO WIRD ES GEMACHT

1. Für die Kartoffelspalten den Ofen auf 200 °C Ober-/Unterhitze vorheizen. Die Kartoffeln waschen, schälen und in Spalten vierteln oder achteln. Die Kartoffeln in eine Schüssel mit Öl, Salz, Pfeffer und Paprikapulver geben und mischen. Die Spalten auf ein mit Backpapier belegtes Blech geben und für 30–40 Minuten backen. Zwischendurch die Kartoffeln wenden.

2. Für die Burger die einzelnen Zutaten vorbereiten: Salat und Tomate waschen und trocknen. Die Tomate in Scheiben schneiden. Die Essiggurke der Länge nach in Scheiben schneiden. Auf einer Seite des Käses ein Zick-Zack-Muster einschneiden, dies werden die Zähne. Ketchup und Mayonnaise, bei Bedarf Senf, bereitstellen. Das Hackfleisch mit Salz und Pfeffer würzen und zu einer Kugeln formen.

3. Öl in einer Pfanne erhitzen, die Hackfleischkugel hinzugeben, flach drücken und von beiden Seiten anbraten.

4. Burgerbrötchen halbieren und mit Butter bestreichen. In einer beschichteten Pfanne Burgerbrötchenhälften auf der Schnittseite anrösten, bis sie goldbraun sind.

5. Nun auf das untere Burgerbrötchen die Saucen nach Bedarf verteilen, Salat und Burgerpatty drauflegen. Die Gurken-Zunge zur Hälfte aus dem Burger rausschauen lassen. Die Käse-Zähne auf den Burger drapieren. Tomaten und Saucen noch einmal auf den Burger verteilen und den Burgerdeckel drauflegen. Auf zwei Zahnstocher jeweils eine Olive stecken und diese in den Burgerdeckel als Augen stecken. Die Kartoffelspalten dazu geben und fertig ist das Burger-Monster.

TIPP Ältere Kinder können ihre Burger auch selbst gestalten. Als Alternative können Brötchen oder Toastbrot nach Wahl, Zutaten und vegane/ vegetarische Hamburger-Pattys und Käse nach Geschmack und Vorlieben des Kindes verwendet werden.

Löwensnack

Rohkost zum Brüllen lecker!

ZUTATEN FÜR EINEN TELLER

1 rote Paprika
1 gelbe Paprika
2 Karotten
2 entsteinte, schwarze Oliven
3 Schnittlauchhalme
100 g Ritz Cracker oder Ähnliches

FÜR DEN DIP

¼ TL granulierter Knoblauch
½ TL (getrocknete) Petersilie
½ TL (getrockneter) Schnittlauch
1 Becher saure Sahne
Salz, Pfeffer, Zucker

TIPP Je nach Geschmack kann jeder beliebige Dip, wie zum Beispiel Hummus oder Frischkäse zubereitet werden. Außerdem eignen sich auch Salatgurken und Staudensellerie hervorragend zum Dippen.

SO WIRD ES GEMACHT

1. Paprika, Karotten und Schnittlauch waschen und trocknen. Die Paprika entkernen und in ca. 1 cm lange breite Streifen schneiden. Die Karotten schälen und in ca. 7 cm lange Streifen schneiden.

2. Die Gemüsestreifen bunt gemischt und kreisförmig auf einen großen, flachen Teller legen, sodass eine kleine Schale für den Dip in die Mitte passt.

3. Für den Dip Kräuter und Knoblauch in die saure Sahne einrühren. Falls der Dip zu fest sein sollte, kann etwas Milch oder Sahne hinzugefügt werden, bis die gewünschte Konsistenz erreicht wird. Am Ende das Ganze noch mit Salz, Pfeffer und einer Prise Zucker abschmecken.

4. Den Dip jetzt in die kleine Schale in der Mitte füllen. Für das Löwengesicht eine Olive halbieren und als Augen platzieren. Die andere Olive in halbierte Ringe schneiden und 2 davon als Augenbrauen legen. Die Schnittlauchhalme als Barthaare legen und ein dreieckiges Stück rote Paprika als Nase legen. Den Boden einer gelben Paprika als Schnauze legen und die restlichen halbierten Olivenringe in die Zwischenräume legen. Zwei Cracker an das Schälchen legen, sodass sich daraus die Ohren formen. Weitere Cracker in einer Schale dazu reichen.

Cookie-Pizza

Fun-Food nicht nur für den Kindergeburtstag

ZUTATEN FÜR EINE 26ER SPRINGFORM

FÜR DEN COOKIETEIG
150 g weiche Butter
125 g Zucker
1 TL Vanillezucker
½ weiche Banane
175 g Mehl
1 EL Backpulver
100 g Schokotröpfchen

FÜR DIE CREME
200 g Sahne
1 Pck. Sahnesteif
1 Pck. Vanillezucker
einige EL weiche Nussnougatcreme

FÜR DEN BELAG
reichlich Süßigkeiten ganz nach Belieben,
z. B. verschiedene Schokoriegel, Kekse, Schokolinsen

SO WIRD ES GEMACHT

1. Den Backofen auf 180 °C Umluft vorheizen. Die Springform mit etwas Butter einfetten.

2. Butter, Zucker und Vanillezucker mit einem Handrührgerät cremig rühren. Die Banane mit einer Gabel zerdrücken und hinzufügen. Mehl und Backpulver vermischen und unter den Teig heben. Schokotröpfchen unterrühren.

3. Den Teig in die Springform geben und auf mittlerer Schiene im Backofen für ca. 20–25 Minuten backen, bis der Teig goldbraun ist. Auskühlen lassen und aus der Form lösen.

4. Für die Creme die Sahne aufschlagen und dabei Sahnesteif und Vanillezucker einrieseln lassen. Die Schokoladencreme unterheben. Wenn die Creme fester sein soll, nur 150 ml Sahne nehmen.

5. Die Schokosahnecreme auf dem abgekühlten Cookie verteilen. Dabei den Rand aussparen. Entweder kann man nun die Süßigkeiten auf 8 »Pizza-Stücke« aufteilen oder wild auf die ganze Fläche verteilen.

6. Den Cookie mit einem Pizzaschneider oder einen großen Messer schneiden und fertig ist die leckere, süße Pizza.

TIPP Besonders gut lässt sich die Cookie-Pizza schneiden, wenn man bereits vor dem Abkühlen den Keks grob anschneidet.

Ruck-Zuck-Nasch-Buffett

So wird ein Muffinblech zum Picknick-Highlight

ZUTATEN FÜR 4 EISWAFFELN

Ca. 200 g Kuvertüre
4 Eiswaffeln
Krokant, Haselnusssplitter, Zuckerstreusel etc.
Buntes Obst z. B. Kiwi, Himbeeren, Erdbeeren, Blaubeeren

SO WIRD ES GEMACHT

1. Die Kuvertüre schmelzen und die runde Öffnung der Eistüten kurz in die Kuvertüre tauchen. Die Schokolade abtropfen lassen und danach in Krokant, Haselnuss-splitter oder Zuckerstreusel wälzen.

2. Die verschiedenen Obstsorten waschen, ggf. schälen und in kleine Würfel schneiden.

3. Obstwürfel und Süßigkeiten auf die einzelnen Fächer des Muffinblechs verteilen.

4. Nun kann der Picknickspaß losgehen und jeder kann sich die eigene Eistüte mit Lieblingsobst füllen und sich den Vitaminsnack schmecken lassen.

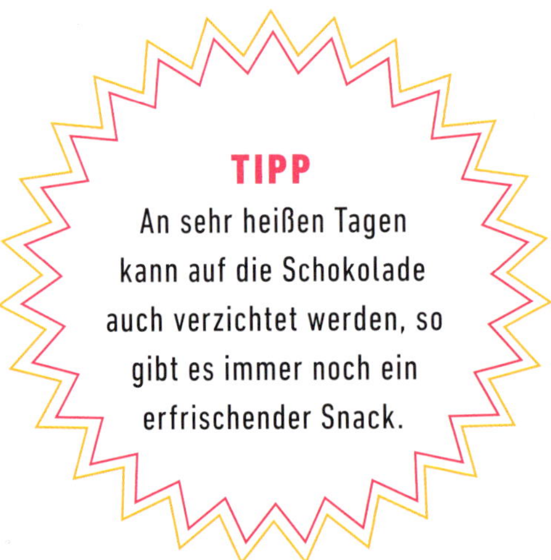

TIPP

An sehr heißen Tagen kann auf die Schokolade auch verzichtet werden, so gibt es immer noch ein erfrischender Snack.

Rezeptregister nach Kapiteln

Frühstück & Abendbrot

Brotboxen für Kindergarten und Schule

Warmes Essen für jeden Tag

Highlights für den Kindergeburtstag

Alphabetisches Rezeptregister

Impressum

1. Auflage
2023 by Bassermann Verlag, einem Unternehmen
der Penguin Random House Verlagsgruppe GmbH,
Neumarkter Straße 28, 81673 München

ISBN 978-3-8094-4736-8

Die Verwertung der Texte und Bilder, auch auszugsweise, ist ohne Zustimmung des Verlags urheberrechtswidrig und strafbar. Dies gilt auch für Vervielfältigungen, Übersetzungen, Mikroverfilmung und für die Verarbeitung mit elektronischen Systemen.

Umschlaggestaltung: Atelier Versen, Bad Aibling
Fotografie, Foodstyling und Styling: Udo Einenkel
Herstellung: Franziska Polenz
Bildredaktion: Sabine Kestler
Projektleitung: Macielle Christin Montoya Barea

Die Ratschläge in diesem Buch sind von den Autorinnen und vom Verlag sorgfältig erwogen und geprüft, dennoch kann eine Garantie nicht übernommen werden. Eine Haftung der Autorinnen bzw. des Verlags und seiner Beauftragten für Personen, Sach- und Vermögensschäden ist ausgeschlossen.
Der Verlag behält sich die Verwertung der urheberrechtlich geschützten Inhalte dieses Werkes für Zwecke des Text- und Data-Minings nach § 44b UrhG ausdrücklich vor. Jegliche unbefugte Nutzung ist hiermit ausgeschlossen.

Satz und Layout: Nadine Thiel, kreativsatz, Baldham
Repro: Lorenz + Zeller GmbH, Inning a. A.
Druck und Bindung: Firmengruppe APPL, aprinta druck, Wemding

Printed in Germany

Penguin Random House Verlagsgruppe FSC® N001967